WILLY PRAGHER

Zeit-
AUFNAHMEN
1926-1991
STATIONEN EINER GENERATION

ROMBACH VERLAG

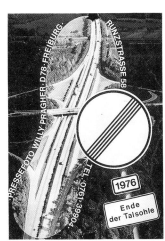

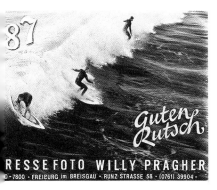

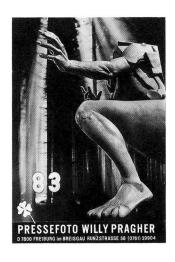

WILLY PRAGHER
ZEIT-AUFNAHMEN 1926-1991
STATIONEN EINER GENERATION

Meiner lieben Frau Friedl
in Dankbarkeit für ihre
außerordentliche Mitarbeit
herzlich gewidmet

Im April 1992

Les contrastes se touchent

Sämtliche Aufnahmen Willy Pragher
Portraitaufnahme Willy Pragher
im Vorwort: Daniela Maria Brandt

© 1992, Rombach GmbH Druck- und Verlagshaus
Freiburg im Breisgau
1. Auflage. Alle Rechte vorbehalten
Lektorin: Helgard Schmitz M.A.
Gestaltung: Rebecca Auer, Andreas Schleer
Herstellung: Rombach GmbH Druck- und Verlagshaus,
Freiburg im Breisgau
Printed in Germany
ISBN 3-7930-0635-2

Inhalt

Ein Leben und seine Stationen	8
»Halt das fest, Willy!«	10
Kinder – Kinder	13
Nägel und Köpfe	14
Generationsaspekte	16
Lichtseiten	16
Schattenseiten	18
Bedrohungen	20
Naturschauspiel – Schauspiel an der Natur	22
Meer, Fluß und Kanal	24
Schau ins Land	26
Oh Pferd	28
Zooarchiv	31
Mahlzeit und Siesta	32
Der Schlaf ist dem Menschen heilig	34
Auf- und Abrüstung	36
Stoßdämpfer	37
Sumpfonie in Müll	38
Langsam warten	41
Fernweh	42
Reise – Reise	44
Schwarzfahrer	46
Gemeinsamkeiten	49
Schatten-Parallele	50
Urlaub	52
Drüber und drunter	54
Öl und Wasser	56
Raumfahrt	58
Unser Wetter	61
Fragen an die deutsche Geschichte I	62
Fragen an die deutsche Geschichte II	64
Schicksalszeichen am Himmel	67
Kriegsahnung	68
Lustgarten und Hinrichtungsstätte	70
Leere Versprechungen – Grausame Wirklichkeit	72
Rumänien im Krieg	74
Verurteilt	76
Folgen	79
Stadtbilder im selben Jahrzehnt	80
Das Erwachen	82
Grenzen	85
Berlin West – Berlin Ost	86
Eine Nation – vier Regierungssitze	88
Anklage	90
Wege zu Gott	93
Kirche im Zeitgeschehen	95
Satanische Alternative	96
Politiker	98
Nobel führte sie zusammen	101
Begegnungen in Freiburg	102
Künstler	104
Musiker	106
Jazz	108
Jazzstars	111
Mathematik im Varieté	112
Karl Valentin und Liesl Karlstadt	114
Alte Berliner Freunde	116
Zwischenräume	118
Sakralbauten	121
Schneckenhäuser	123
Kleiner Intersex Gipfel	124
Illusion und Wirklichkeit	126
Laßt Schilder sprechen	128
Nomen est Omen	129
Aus dem Familienalbum	130
Blicke aus meinen Fenstern	132
Werkverzeichnis	134
Ausstellungen	135
Fernseh- und Hörfunksendungen	135

Ein Leben und seine Stationen

In einem Rundfunkinterview des Senders Freies Berlin wurde Willy Pragher gefragt, was ihn am meisten interessiere; seine Antwort war: »Alles was sich bewegt.«

Tatsächlich bezeugt sein Lebenswerk, wie viele Aspekte von Bewegung er »aufgenommen« hat, vom Wesen des Verkehrs, über seine Reisen bis hin zu den großen Bewegungen der Zeit. Sein eigenes bewegtes Leben als Pressefotograf erlaubte ihm, über Generationen den Fortgang des Aktuellen zu verfolgen, und bei ihm durchdringen sich Dokumentation und persönliche Gestaltungskraft in einer Weise, die im Rückblick auch innere Bezüge und Gesetzmäßigkeiten erkennen läßt. Gleichsam nebenher entstand seit Ende der zwanziger Jahre ein Archiv, in dem jedes einzelne seiner Fotos eingeordnet, gekennzeichnet und in »Findebüchern« und Stichwortverzeichnissen erfaßt ist. Das Archiv verkörpert das Prinzip der Ordnung, den Überblick, die Dauer im Wechsel.

Die ersten Bildmotive fand Willy Pragher in Berlin, wo er 1908 geboren wurde. Sein Vater war österreichischer Abstammung, besaß aber die rumänische Staatsbürgerschaft, die im Ersten Weltkrieg ihn und seine Familie zu unerwünschten Ausländern stempelte und sogar den Besuch der höheren Schule in Berlin verhinderte. Gemäß den künstlerischen Neigungen, die sich schon früh bemerkbar machten, schickten ihn die Eltern nach Stuttgart in die Freie Waldorfschule. Dies war die erste Station eines im besten Sinne traditionslosen Schulausbildungsweges, der u. a. noch die Aufbauschule in Neukölln, eine Schule mit sozialistischen Zielen, als Etappe aufweist. Darauf folgte eine Berufsausbildung bei Ullstein in Satz-, Druck- und Reproduktionstechnik, an die er zur Schulung der zeichnerischen Fähigkeiten eine Ausbildung in einem Trickfilmatelier anschloß. In allen späteren Zusammenhängen werden ihm die während der Schulausbildung geförderte schöpferische Originalität und die solide handwerkliche Grundlage als glückliche Mischung zugute kommen.

Im Anschluß an die Lehrzeit belegte Willy Pragher in Berlin an der Reimannschule die Klassen für Gebrauchsgraphik, Dekoration und Aktzeichnen. Bereits zu dieser Zeit begann ihn die Fotografie zu interessieren, ja zu fesseln. Doch bevor sie ihn gänzlich vereinnahmte, arbeitete Pragher im eben erst aufkommenden Bereich von Werbung und Reklame, entwarf Inserate, Anzeigen und Plakate. Kennzeichnend für die Arbeiten aus jener Zeit ist die Durchdringung von Graphik und Fotografie zur »Fotografik«; schon damals zeigte sich, daß sein Interesse nicht der unmittelbaren Abbildung gilt, sondern einer Wiedergabe, die durch einen Prozeß der Identifikation und inneren Verarbeitung gegangen ist.

Das Berlin der späten zwanziger und der dreißiger Jahre bot dem jungen Pragher unendlich viel an Anregungen und Innovationen. Er empfand es als Chance, nicht als Verdienst, unter künstlerischen Gesichtspunkten zur rechten Zeit am rechten Ort zu leben, und dankbar nahm er die wichtigen Zeitimpulse in sich auf. Er liebte das Kabarett, das Varieté – und den Jazz. Er selber hatte eine Band gegründet, die erfolgreich zu privaten und öffentlichen Anlässen auftrat. Die Schellack-Platten mit eigenen Kompositionen sind leider verlorengegangen.

Die Stadt Berlin selbst wirkte ungeheuer anziehend auf Pragher, ihre Gebäude und Straßen, vor allem ihr Verkehr. Davon legt das Archiv besonders ausführlich Zeugnis ab. Es war die Zeit der großen Bahnhöfe und der Autos als neuer Massentransportmittel. Die Welt war plötzlich erfaßbar, indem sie er-

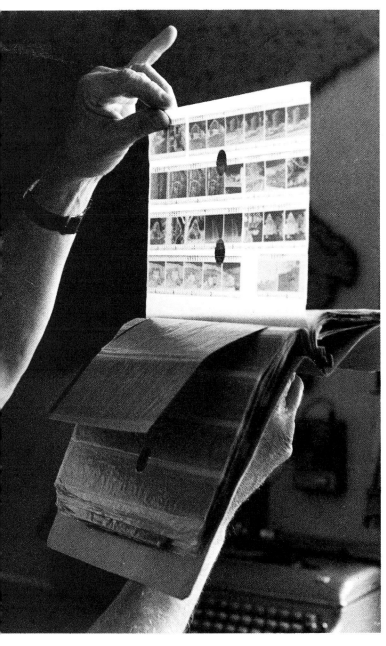

fahrbar geworden war. Was Wunder also, daß Pragher sich auf Reisen begab und seinen Wirkungskreis über Berlin hinaus auszudehnen begann. Die Reisen führten ihn bevorzugt ins südliche Europa – das Ziel der Züge vom Anhalter Bahnhof! Von den Reisen brachte er Bilder mit, Fotos, die allesamt auch archiviert wurden. Die Archivierungstexte sind wie Tagebücher, das gesamte Archiv wie ein riesiges Fotoalbum. Indem er die weißen Flecken auf seiner persönlichen Landkarte zu füllen sich bemühte, füllte er sein Archiv; indem er sein Ich erweiterte, wurde es unversehens zur Welt.

Von den Bildreportagen über seine Reisen führte der Weg konsequent zur Pressefotografie. Keine größere und kleinere Berliner Zeitung, die er nicht mit Fotomaterial versorgt hätte. Rasch drang sein Ruf über Grenzen hinweg.

Ende der dreißiger Jahre wurde ihm jedoch das Arbeiten durch die politischen Umstände zunehmend erschwert. Die Atmosphäre dieser Zeit empfindet er als Beklommenheit, die sich auf die Menschen und ihre Lebensbedingungen lähmend auswirkt. Ein Angebot im Jahre 1939, für eine rumänische Ölgesellschaft Bukarest, Rumänien und den Balkan zu bereisen und zu fotografieren, bot deshalb einen höchst willkommenen Ausweg aus dem geistigen Gefängnis, wenn es auch die Trennung von Frau und Kind bedeutete.

Die Sorgfalt seiner Arbeitsweise, die auch hier nicht nachließ, sicherte Pragher den Ruhm, den umfassendsten Blick auf das Rumänien jener Zeit für die Nachwelt überliefert zu haben. Daß ihn ausgerechnet in seinem Ursprungsland die politischen Umwälzungen zur persona non grata machten, mutet beinahe wie eine Ironie des Schicksals an. Als deutscher Staatsbürger, der er längst geworden war, galt er nach der Kapitulation Rumäniens und dem Einmarsch der Roten Armee als feindlicher Ausländer. Einer vorläufigen Gefangennahme im August 1944 folgte kurze Zeit später die Verschleppung in ein sibirisches Arbeitslager. Die Fron dauerte länger als fünf Jahre. Sie endete aber nicht in Haß und Verbitterung, sondern führte Willy Pragher trotz Phasen der Verzweiflung zu einer Bejahung und Verwandlung seiner Erfahrungen, zu einer neuen inneren Formung, die in seinen späteren Arbeiten ihren Ausdruck findet.

Erst 1950 wurde er aus der Gefangenschaft entlassen. Aber nicht Berlin, die mittlerweile zerstörte und geteilte Stadt, sondern Freiburg im Breisgau wurde ihm Heimat. Dorthin nämlich hatte sich die Familie geflüchtet, dorthin auch hatte ein Freund sein Archiv gebracht. Dies war mehr als ein Freundschaftsakt; es war zugleich Rettungsanker und Verbindungsglied zwischen einer zerstörten Vergangenheit und einer ungewissen Zukunft. Wo sein Archiv war, gab es auch einen Grundstock für den Neubeginn im geliebten und erprobten Beruf. Pragher nahm also die Arbeit wieder auf, sein Name war nicht vergessen worden. Von 1951 an war er eingeladen, die alljährlichen Treffen der Nobelpreisträger in Lindau mit der Kamera zu begleiten. Ebenfalls ab 1951 fehlte er bis zum Ende der siebziger Jahre bei keinem der Donaueschinger Musiktage. Nach einiger Zeit nahm er auch das Reisen wieder auf, besuchte die ganze Welt und brachte seine Schätze in das Archiv ein, das mit jedem Jahr an Einmaligkeit, Wert und Unersetzlichkeit gewann.

Dieses kostbare Lebenswerk ist für viele ein Zugang zur Welt, wie Willy Pragher sie als Zeuge eines beinahe vollendeten Jahrhunderts in sich aufnahm.   Helgard Schmitz

»Halt das fest, Willy!«

Ich habe Willy Pragher schon vor gut 40 Jahren kennengelernt. Es war im Frühsommer 1951 am Bodensee, als dort eine eher abseitig erscheinende Idee Gestalt annahm, mehr noch: aus einer Idee eine Institution wurde, die Weltberühmtheit erlangen sollte: Zwei Ärzte hatten sich in den Kopf gesetzt, die erreichbaren Nobelpreisträger zu einem Treffen nach Lindau zu bitten, um so die im Krieg gerissenen wissenschaftlichen Fäden neu zu knüpfen. Graf Lennart Bernadotte von der Insel Mainau setzte seine Stockholmer Verbindungen in alle Welt sofort ein. Auf Anhieb kamen sechs Nobelpreisträger angereist, um in Lindau vorzutragen, einer sogar aus Amerika.

Auf der Spielbank-Terrasse bat der Inselgraf die »stillen Stars« zum Gruppenfoto. Die Herren stellten sich also auf, nicht ganz so sicher wie eine neue Regierung, eher etwas verlegen ob des ausgebrochenen Presserummels, ziemlich steif also und unentschlossen, wie sie sich anordnen und darbieten sollten. Da geschah es: Ein verspäteter Maikäfer plumpste aus den Bäumen, und Willy Pragher hatte es vor allen anderen gesehen und durch Zuruf darauf aufmerksam gemacht. Graf Bernadotte erkannte augenblicklich die Chance, hob den Käfer auf und zeigte ihn seinen noblen Gästen vor. Der Hormonforscher Adolf Butenandt wurde aufgefordert, eine Stegreifrede auf »die Unsterblichkeit des Maikäfers« zu halten. Die Fotografen kamen zu den gewünschten lockeren Bildern, und einer davon, eben dieser Willy Pragher, hatte die Geistesgegenwart, das Entzücken der Wissenschaftler in einer Bildserie festzuhalten.

Seitdem ist die »Maikäferrede« alle Jahre wieder Programm- und Höhepunkt des »Bayerischen Frühstücks«. Sie wird jeweils von einem Nobelpreisträger gehalten – nach Temperament und Laune gereimt oder in Prosa, vorbereitet oder improvisiert, heiter oder auch ernst, vergnügt oder nachdenklich. Sie ist längst legendär, und am Ausgangspunkt dieser Legende stand tatsächlich kein anderer als der Bildberichterstatter und Autor dieses Buches: Willy Pragher!

»Halt das fest, Willy«, das hat sich Willy Pragher wohl viele tausendmal in seinem Leben selbst gesagt, ähnlich dem »Schreib das auf, Kisch«, das Egon Erwin Kisch, der wohl berühmteste Reporter seiner Zeit, von Kameraden und Freunden

immer wieder hörte. Und dies hat Kisch 1924 geschrieben: »Nichts ist verblüffender als die einfache Wahrheit, nichts ist exotischer als unsere Umwelt, nichts ist phantasievoller als die Sachlichkeit. Und nichts Sensationelleres gibt es in der Welt als die Zeit, in der man lebt.«

Um so mehr gilt das, wenn das Aktuelle, wie bei Pragher, so sehr zum Exemplarischen für eine ganze Epoche wird. Nie begnügt er sich mit dem bloßen Abbild; er arbeitet mit Gegenüberstellungen und Entsprechungen, hat einen sicheren Blick für den humoristischen Aspekt auch ernster Abläufe, entlarvt Widersprüchliches. Seine Vielseitigkeit ist nicht Beliebigkeit, sondern geistige Zusammenschau. Ohne zu moralisieren, war es sein Ziel, historische Zusammenhänge zu verdichten.

Dabei ist Willy Pragher weiß Gott weit herumgekommen, hat Höhen und Tiefen durchlebt und hat immer wieder im richtigen Augenblick ein Stück Leben in unserer Zeit für die Dauer festgehalten. Einen Bildband wie diesen von Willy Pragher in die Hand zu bekommen, wäre ein Glücksfall für einen späteren Historiker!

Ernst von Khuon

Klassenausflug Berliner Kinder
zum Anhalter Bahnhof. 1937

Zigeunerfamilie an einer Landstraße
in Rumänien. 1937

Kinder – Kinder

Nägel und Köpfe

»Nagelreihen«
Plastik von G. Uecker
auf der »Art« in Basel. 1977

Köpfe
Demonstration
in Freiburg. 1968

Autos
Fiat-Auslieferungslager
in Mietersheim. 1974

Friedhof
in Padua. 1969

Generationsaspekte
Lichtseiten

Steppt er nicht ausgezeichnet?
Sohn Nickis erste Schritte.
Berlin 1937

Fahrt ins Fegefeuer.
Lübeck 1972

Hochzeit mit Warnschild.
Freiburg 1966

Diamantene Hochzeit.
Neuenburg 1967

Schattenseiten

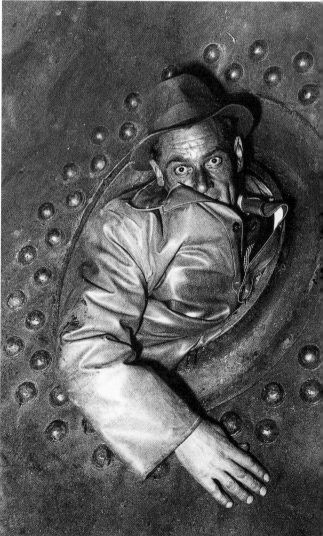

Kinderarbeit.
Bukarest 1932

Zwang.
Schluchsee 1955

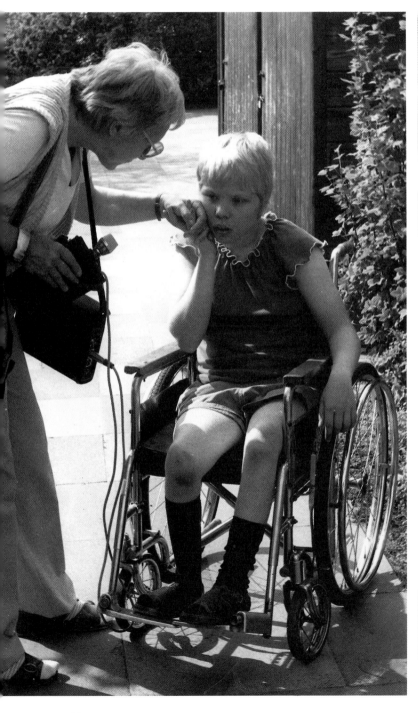

Trost.
Berlin 1972

Gebrechlichkeit.
Paris 1960

Bedrohungen

Von links nach rechts:

Krieg –
Mein zerstörtes Wohnhaus
in der Seesener Straße
in Berlin. 1943

Atomkraft –
Kernkraftwerk
Biblis. 1978

Unfalltod –
Monument an einer Straßenkreuzung
in Serbien. 1952

Entwurzelt –
Jugenddorf Klinge
in Seckach. 1962

Naturschauspiel – Schauspiel an der Natur

Kap Dyrholaey, Island. 1976

Für Instandsetzungsarbeiten an der Staumauer
wurde das Wasser des Schluchsees abgelassen.
Schaulustige krabbeln auf dem Grund des Sees.
Schwarzwald 1983

Weinstock
am Ligurischen Meer
bei Portofino

Rhein und Rheinseitenkanal
zwischen Basel und Breisach
aus 1000 Meter Höhe. 1965

Meer, Fluß und Kanal

Schau ins Land

Auf dem
Freiburger Hausberg

Blick vom Feldberg im
Schwarzwald nach Süden
gegen die Alpenkette; im
Vordergrund das Fahler Tal mit
der Todtnauer Hütte. Aus dem
Nebelmeer, unter dem das
Rheintal liegt, erhebt sich der
Schweizer Jura, und in der
Ferne sind die Alpen zu
erkennen.
Der Ausschnitt zeigt den
250 Kilometer entfernten
Montblanc und damit die
italienische Grenze. 1952

Oh PFERd

Kiebitz im Britischen Museum. London 1955

Die schmutzige Konkurrenz. München 1954

»Sturz«-Reiten. Meißenheim 1978

Trojanischer Brunnen. Bukarest 1941

Tankstelle Löwenbräu. München 1967

Vierbeinig über die 5th Avenue. New York 1976

Links: 2 PS müssen 60 ziehen.
Mecklenburg 1931

Frisurenwettbewerb. Biberach 1965
(linke Seite rechts unten)

Roland,
der berühmte Seelöwe
im Berliner Zoo. 1928

Eisbären
in ihrem Rondell

Zooarchiv

Affe mit Persönlichkeitsrecht ...
... als ich ihn oben am Fahrstuhl vom Gibraltarfelsen Mount Rockgun fotografierte, wurde er böse und schlug mit voller Wucht auf meine Kamera. 1967
(links oben)

Senior vom Kreuzberg.
Berlin 1929
(links Mitte)

Zebraduo. Berlin 1938
(links)

Auf korsischem Pflaster. 1977
(oben)

Mahlzeit...

... und das Essen kam und kam nicht! Studie aus den mageren Kriegsjahren. Berlin 1944

Wohl bekomm's! Nach einer Brotzeit im Kloster Andechs. 1973

Kursessel vor der Musikmuschel. Bad Dürrheim 1965

Barbeine. Glotterbad 1955

... und Siesta

Winterschlaf im Riesengebirge. 1931

Rampenschläfer an der Seine. Paris 1991

Gruppensiesta. Bukarest 1937

Rennfahrerschlaf. Berlin 1934

Der Schlaf ist …

Geländerschläfer. Neapel 1933

Ruhe seines Herrn. Torquay 1964

Bank für Erschöpfte. Stuttgart 1953

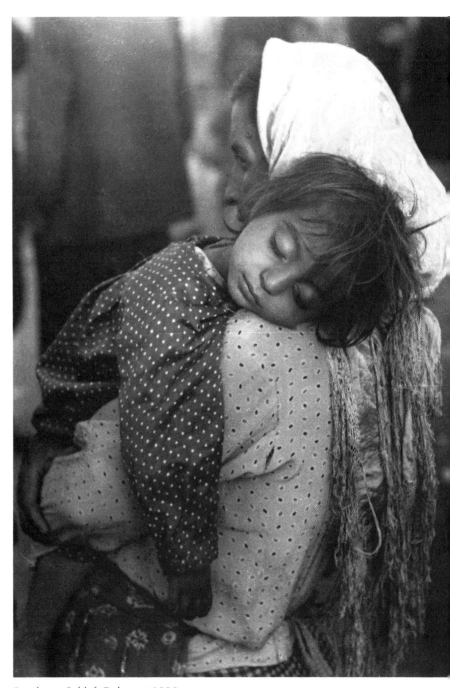

Sorgloser Schlaf. Bukarest 1939

... dem Menschen heilig

Vor einem Laden am Spittelmarkt.
Berlin 1930

Schaufensterpuppen.
Hannover 1979

Auf- und Abrüstung

Stoßdämpfer

Vor dem Auge des Gesetzes.
Chartres 1954

Unfallschutz für spanische Kinder.
Tarragona 1932

Sumpfonie in Müll

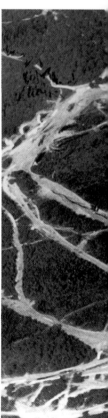

Gestank –
Mülldeponie in Freiburg. 1967
(oben links)

Luftverpestung –
Smog in einem Hinterhof.
Freiburg 1962
(oben)

Wasserverschmutzung –
Schaum auf dem Neckar.
Hirschhorn 1960
(unten links)

Landzerfurchung –
Panzerübungsgelände
in der DDR. 1966
(links)

Langsam warten

Wartende »Kraftdroschken« und Taxis vor dem Potsdamer Bahnhof. Berlin 1933

Karl Valentin
im Olympiastadion. Berlin 1936
»Nur einen Tag zu spät und dennoch zu spät!
Erst wartete ich langsam,
dann schneller und immer schneller,
doch kein Anfang der Olympischen Spiele
ließ sich erblicken.«

Fernweh

Berlin – Anhalter Bahnhof 1931. D-Zug nach Genf.
Ferienkinder fahren in den Schwarzwald

Berlin – Anhalter Bahnhof 1931. Tor zum Süden

Reise – Reise

Aufbruch aus Rottenbach. 1927

Die drei von der Tankstelle. Berlin 1931

Schwarzfahrer

Zwischenlandung.
Nur für einen kurzen
Augenblick hüpfte der Heuschreck
auf Enkelin Danielas Schulter

Als wir aus den Ferien
zurückkamen, hat unser
Drahtesel Zuwachs bekommen.
Eine Amsel brütete auf dem
Gepäckträger und hat unser
Dienstfahrzeug blockiert –
für Wochen, bis der
Nachwuchs flügge war.
Freiburg 1959

Abflugbasis »Alter Hut«.
Tauben auf dem Trafalgar Square.
London 1971

»Student«
nach Berlin. 1971

Keramikgockel wollen »Ente« fahren!
Puerto Lumbreras, Spanien. 1967

Schwarzfahrers Schlußlicht
im Hundecoupé. Luxeuil 1962

Gebührenfreier Parkplatz.
Barcelona 1932

Aschaffenburg 1966
(oben)

Am Eibsee 1934
(rechts)

Gemeinsamkeiten

Schatten

Schatten des Eiffelturms
über der Seine.
Paris 1960

Schatten des Münsters
über der Altstadt.
Freiburg 1956

Parallele

Nordsee – Strandkörbe nach einer Springflut in St. Peter-Ording. 1970

Urlaub

Bretagne – Das Feld der Menhire in Carnac. 1975

Drüber und drunter

54

Haie in der »Sea World«, St. Diego, Kalifornien. 1982

Düsenjäger bei einem Flugtag in Basel-Mulhouse. 1958

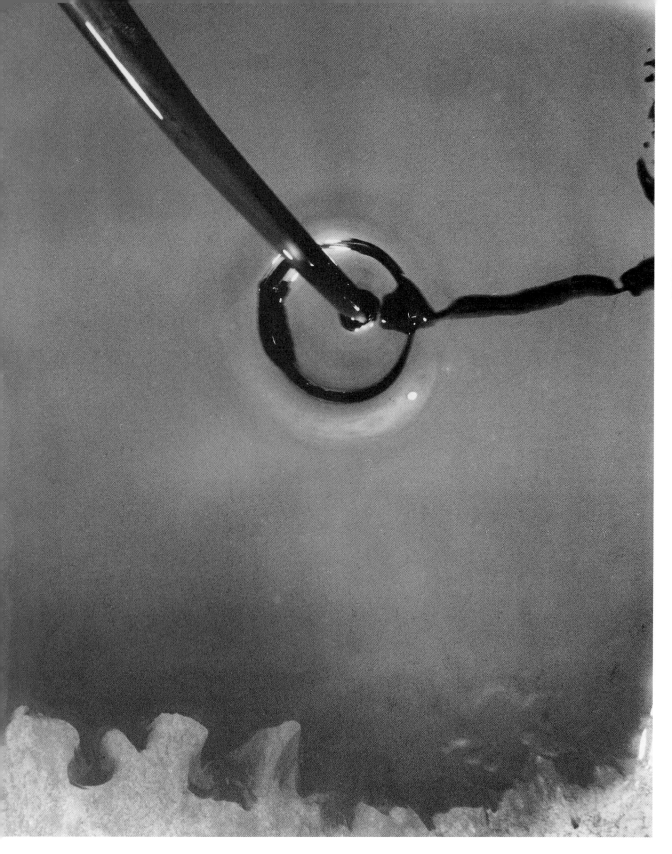

Öl und

Zähflüssiges Öl ergießt sich
aus einem Tank und breitet sich träge aus,
alles unter sich erstickend.
Ploesti, Rumänien 1940

Wasser

Spiegelungen eines Waldes
brechen sich in der Bugwelle eines Dampfers
auf dem Saimaa-See.
Finnland 1974

Sputnik.
Der von den Russen
erstmalig zur Mondlandung
gestartete Satellit
schwebt heute als Modell
in der Vorhalle des
UNO-Gebäudes
in New York. 1973

Raumfahrt für jedermann.
Luftschaukel auf der Freiburger
Frühjahrsmesse. 1975

Raumfahrt

Tiefdruckgebiet
über dem Atlantik.
Island 1976

Aufsteigende Nebel
am Belchen mit Blick
über das Wolkenmeer
nach Süden.
Schwarzwald 1955

Unser Wetter

Wirbelsturm über der Grafschaft Kerry. Irland 1964

Aufziehendes Gewitter über dem Bezirk Kreuzberg vom Karstadthaus am Hermannplatz aus gesehen. Berlin 1929

Fragen an die deutsche Geschichte I

»Det jips nur einmal!« In der Berliner Gipsformerei finden sich der Alte Fritz nebst seinem Gefolge, den Damen und dem Sarg zu einem heiteren Stelldichein und betrachten durch das Fenster das Leben der »Neuen Zeit«.

Standbilder und Monumente geben oft seltsame Rätsel auf, insbesondere dann, wenn sie ihre angestammten Sockel verlassen. Von jeder Würde entblößt, entpuppen sie sich als Karikatur, wie hier die Siegesgöttin in Berlin am Galgen, oder da, wo aus einer zeitgenössischen Jagdszene eine sehr unzeitgemäße Antreiberszene für Bauarbeiter wird.

Hoseninspektion durch den Alten Fritz

Szene vom Umzug der Siegessäule vom ehemaligen Königsplatz vor dem Reichstagsgebäude zum Großen Stern. Berlin 1937

Fragen an die deutsche Geschichte II

Ein beißendes
Kriegerdenkmal von 1871.
Friedhof in Emmendingen. 1967

Angesichts seiner Majestät,
Kaiser Wilhelm II.,
bei einem Empfang im
Fürstlich Fürstenbergischen
Schloß in Donaueschingen.
1957

Dem Eisernen Kanzler ins Ohr geflüstert.
Bismarckbüste beim Umzug zum Großen Stern.
Berlin 1937

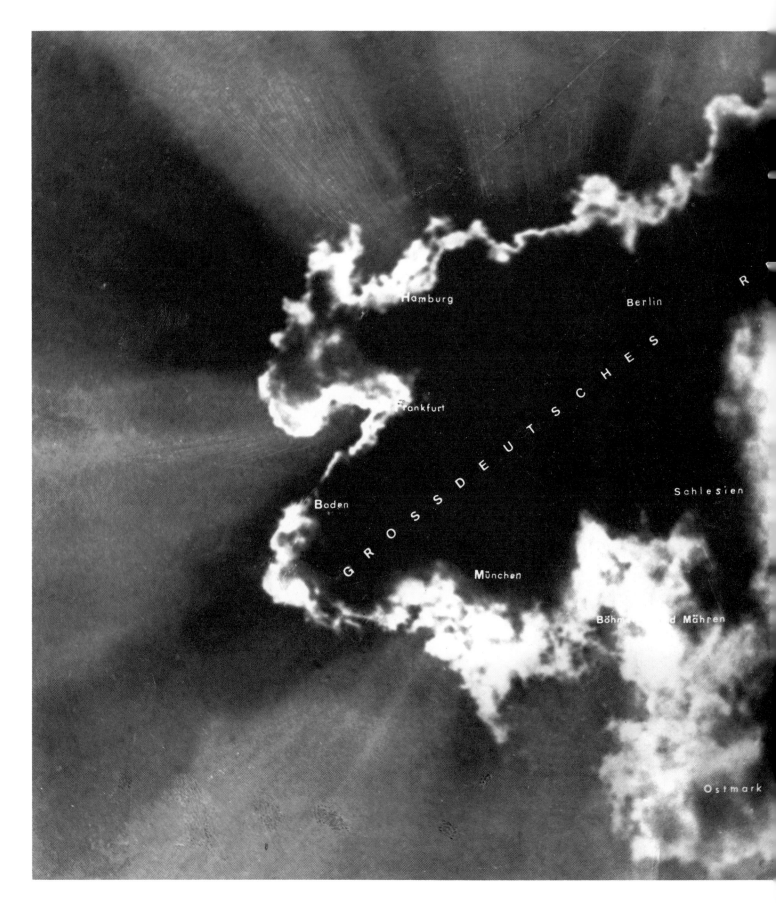

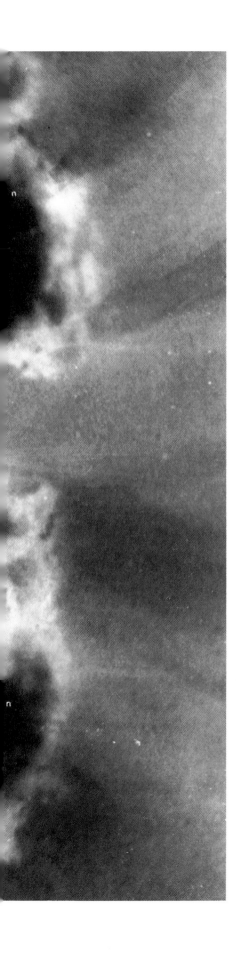

Schicksalszeichen am Himmel

29. August 1939,
zwei Tage vor Ausbruch des Zweiten Weltkriegs:
»Als ich mich an diesem schwülheißen Spätsommertag
in den rumänischen Karpaten – weit weg von der Heimat – befand
und auf die ›Wolke vom Dienst‹ wartete,
um ein schönes Landschaftsbild zu machen, ballte sich
plötzlich ein Wolkengebilde zusammen.
Ich erkannte in den Umrissen dieser Himmelslandkarte
eindeutig die Grenzen des damaligen ›Großdeutschen Reiches‹.
Dieser Anblick hat mich so fasziniert, daß ich ihn augenblicklich mit der Kamera
festhielt. Sekunden später brach diese Wolke wie durch eine
Explosion auseinander und war vom Winde verweht.«
Ein mystisches Symbol zur Zeitgeschichte?
Zur besseren Kenntlichmachung habe ich dieser Wolke
einige geographische Anhaltspunkte zugeordnet, die die politische
Situation Deutschlands vor dem Ausbruch
des Zweiten Weltkriegs
veranschaulichen.

Kriegsahnung

Verdunklungsübung.
Der Mond strahlt hinter
erloschenen Gaslaternen
an der Jannowitzbrücke.
Berlin 1939

Dicke Luft über der Stadt.
Die Zeitung, die auf der Straße
marschierenden Soldaten, eine
unheimliche Ruhe. Die Sorge
um das Kind und um die
Zukunft bestimmen die
Atmosphäre.
Bukarest 1940

Eine Figur vor dem alten Stadtschloß schaut auf den historischen Lustgarten, den die Nazis zum 1. Mai für ihren Aufmarsch »ausgeschmückt« haben. Berlin 1938

Lustgarten und

Ein Schaudern überfällt den Besucher beim Anblick dieser Stätte. Hier an den Haken im Strafgefängnis Plötzensee wurde die oppositionelle Elite vom 20. Juli erhängt.

Hinrichtungsstätte

Leere Versprechen

Verheißungsvolles Plakat in den Straßen Berlins. 1938

Mein Alptraum in der russischen Kriegsgefangenschaft dauerte fünfeinhalb Jahre. Meine Sehnsucht nach Freiheit und Heimkehr dokumentiert dieses Foto, das ich vom Lager bei Tscheljabinsk machen konnte. 1942

Grausame Wirklichkeit

Rumänien

Die Bevölkerung von Bukarest kniet vor dem Schloß nieder, um für den »Heiligen Krieg« gegen den Bolschewismus zu beten. 21.5.1941

Die Vereidigung rumänischer Soldaten durch den Metropoliten. 1941

im Krieg

Rumänische Kampftruppen ziehen an der Seite der Deutschen Wehrmacht gen Osten. 1941

Gräberfeld unbekannter Kameraden bei Odessa. 1942

Verurteilt

In der rumänischen Hauptstadt wurde das Portrait Adolf Hitlers,
das neben den Bildern von Mussolini, Marschall Antonescu und König Mihail prangte,
sehr behutsam abtransportiert... 1944

... drei Jahre zuvor hatten die nach Osten vorrückenden deutsch-rumänischen Truppen die Büsten von Stalin, Woroschilow und Genossen auf dem Hauptplatz von Cernowitz zerschlagen. 1941

Folgen

Freiburg –
nach dem Luftangriff
vom 27. November 1944
(Alliiertes Luftbild)

Berlin –
Eine Mauer zerteilt die Stadt.
Blick vom Reichstagsgebäude
über die Mauer
auf das Brandenburger Tor.
1975

Stadtbilder im selben Jahrzehnt

New York – Blick vom Empire State Building, dem damals höchsten Haus der Welt, auf die Millionenstadt

Freiburg – Blick über die Innenstadt in Richtung Herdern – fünf Jahre nach Kriegsende

Berlin – Nach der Kapitulation und Zerschlagung des
Dritten Reiches beginnt das Leben wieder neu in der geteilten Stadt.
»Unter den Linden« mit dem Brandenburger Tor

Das Erwachen

Freiburg – Unter der schwarz-rot-goldenen Fahne:
Verkehr kommt wieder in Gang

Die alte Reichsgrenze
zwischen Deutschland
und der Tschecho-Slovakei
auf der Schneekoppe
des Riesengebirges.
1930

Nach dem Krieg war
die von den Franzosen
besetzte Stadt Kehl
Grenzstadt zu Baden.
1950

Die Wege in Europa
sind wieder frei.
Ungehindert kann man
einen Spaziergang nach
Frankreich unternehmen.
1984

Mauer und Stacheldraht mitten durchs Berliner Herz. 1970

Die Glienicker Brücke, die sogenannte Friedensbrücke, war Grenze zwischen Berlin und Potsdam bis 1989.
1957

Grenzen

Berlin West

Plastik im Sommergarten vor dem alten Funkturm. 1932

Berlin Ost

Funkturm mit der Figur des Neptunbrunnens am Platz vor dem ehemaligen Stadtschloß. Die Berliner nannten den Ostberliner Fernsehturm, wie zum Hohn auf den einstigen DDR-Machthaber, »Sankt Ulbricht«, weil bei Sonnenschein als Lichtreflex ein Kreuz auf der Kugel erscheint, das in der ganzen Stadt sichtbar ist.
1978

Eine Nation –
Vier Regierungssitze

Die Reichskanzlei Adolf Hitlers im Bau,
vom Kaufhaus Wertheim aus gesehen. 1938 (linke Seite oben)

Das Reichstagsgebäude in Berlin.
Parlament des Deutschen Reiches bis 1945,
gesehen durch das Geländergitter
der alten Siegessäule. 1937 (linke Seite unten)

Staatsratsgebäude der ehemaligen DDR
mit dem eingebauten Portal des alten
Berliner Stadtschlosses, von dessen Balkon
Karl Liebknecht 1918 die Räterepublik ausrief. 1985 (links)

Das Bundeshaus in Bonn
von der Rheinseite her gesehen. 1952 (unten)

Anklage

Josephine Baker –
»Pourquoi suis-je noire«
in ihrem dramatischen Chanson.
Baden-Baden 1961

Ossip Zadkin –
»Die Zerstörte Stadt«.
Mahnmal in Rotterdam. 1960

Die Chrystal Cathedral mit 2899 »Concert Seats«. Los Angeles 1982

Wege zu Gott

Fresko vom Beginn des 17. Jahrhunderts an der Klostermauer von Suceviţa. Rumänien 1942

Siegesläuten:
orthodoxe Popen nach der
Wiedereinnahme von
Kischinew durch rumänische
Truppen. 1941

Blasphemie:
Nazifeier in einer Kirche
im Elsaß. 1943
(Privatfoto)

Kirche im Zeitgeschehen

Mahnmal an den Krieg:
die herabgestürzten Glocken
in der Marienkirche
zu Lübeck. 1954

Priesterweihe.
Freiburg 1978

Satanische

Teufelsgestalt im Tympanon
zum Hauptportal des Münsters.
Freiburg 1953

Alternative

»Die Konferenz der Elemente«
(Jürgen Goertz, 1990).
Coesfeld 1991

Politiker

Bundespräsident Walter Scheel
in der Jugendherberge in Freiburg. 1978
(ganz oben)

Konferenz mit Ministerpräsident Mendes-France und
Bundeskanzler Konrad Adendauer in Baden-Baden.
Links Frau Mendes-France, rechts François Poncet. 1955
(oben)

Ernst Reuter –
Regierender Bürgermeister von Berlin. 1952
(links)

Franz Josef Strauß
und Helmut Schmidt auf dem
85. Katholikentag in Freiburg. 1978
(ganz links)

Willy Brandt,
Regierender Bürgermeister von
Berlin, bei der 1. Maifeier auf dem
Platz der Republik. 1960
(links)

Bundespräsident Theodor Heuss
und Staatspräsident Leo Wohleb vom
ehemaligen Land Baden beim
»Hebelmähli« in Hausen
im Wiesental. 1952
(unten)

Bundespräsident
Richard von Weizsäcker bei der
Jahrestagung des Kulturkreises im
Bundesverband der Deutschen Industrie.
Bremen 1986 (unten links)

Konrad Lorenz, Verhaltensforscher; geb. 1903 in Altenberg (Österreich)

Nils Bohr, Physik; geb. 1885 in Kopenhagen

Hermann Staudinger, Chemie; geb. 1881 in Freiburg, mit Magda Staudinger

Werner Forssmann, Medizin; geb. 1904 in Berlin

Werner Heisenberg, Physik; geb. 1901 in Göttingen

Graf Bernadotte mit Gerhard Domagk, Medizin; geb. 1895 in Lagow (Brandenburg)

Nobel führte sie zusammen

Seit 1951 war ich bei den Internationalen Tagungen der Nobelpreisträger in Lindau. Viele hundert Laureaten habe ich in dieser Zeit aufgenommen. Die Zusammenstellung erfolgt hier weder nach Prominenz noch nach Alter, sondern ist ausschließlich vom Bild bestimmt.

Hans von Euler-Chelpin, Preisträger für Chemie, aus Stockholm und Otto Hahn beim »bayerischen Frühstück« nach der »Maikäferrede« (ganz oben)

Tagung der Nobelpreisträger in Lindau 1951.
Auf der Kommandobrücke eines Bodenseedampfers zur Insel Mainau. Die Preisträger (von links nach rechts):
Butenandt, Euler-Chelpin, Dam, Murphy, Warburg (oben)

Autogramm von Severo Ochoa, Medizin;
geb. 1905 in Luarca (Spanien) (links)

Maurice Dirac, Preisträger für Physik
aus Cambridge (GB), erläutert seine Formeln (ganz oben)

Albert Schweitzer und Reinhold Schneider. 1954

Annette Kolb. 1956

Golo Mann und
Gerhard Ritter. 1959

Begegnungen

in Freiburg

Mutter Teresa aus Indien. 1975

Jean Paul Sartre. 1953

Freifrau Marie Luise Kaschnitz
nach der Überreichung
des Ehrenbürgerrechts von
Bollschweil. 1967

Künstler

Der finnische Architekt Alvar Aalto. Interbau. Berlin 1957

Der Bildhauer Ossip Zadkine. Reims 1958 (unten)

Oskar Kokoschka
malte in Freiburg. 1964
(rechts)

Der Maler Otto Dix.
Bernau im Schwarzwald. 1967

Musiker

Paul Hindemith dirigiert eigene Werke in Baden-Baden. 1953

John Cage erprobt neue Klangfarben auf dem präparierten Klavier. Donaueschingen 1954

Anne Sophie Mutter, die Violinvirtuosin, mit ihrem Bruder im elterlichen Heim in Wehr. 1978

Igor Strawinsky dirigiert das Südwestfunk-Orchester bei den Donaueschinger Musiktagen. 1957

Pierre Boulez im Experimentalstudio des Südwestfunks in Freiburg. 1973

Wilhelm Furtwängler dirigiert sein letztes Konzert in Freiburg. 1952

Jazz

Erste Damenkapelle. Berlin 1930
(rechts)

Mal sehen, wo der tiefe Ton gemacht wird.
Schloß Marquard bei Berlin 1930

Als »ZWO« spielten mein Freund Martin und ich auf Festen und Veranstaltungen. Berlin 1933

Marylou Williams.
Schwarzer Star auf dem Piano.
Freiburg 1954

Jazz-Improvisationen
in der elterlichen Wohnung
in Berlin 1929

Atelieraufnahme. Berlin 1932
(linke Seite Mitte)

Miles Davis – Gastspiel in Freiburg 1956

Jazzstars

Trommy Young und Louis Armstrong – Gastspiel in Freiburg 1959

Luftakrobatik der »3 Alices«.
Wintergarten. Berlin 1938

1 Sek. Differenz im Zusammenwirken der beiden Partner bedeutet Absturz. Die Schwingdauer ist nach dem Pendelgesetz festgelegt.

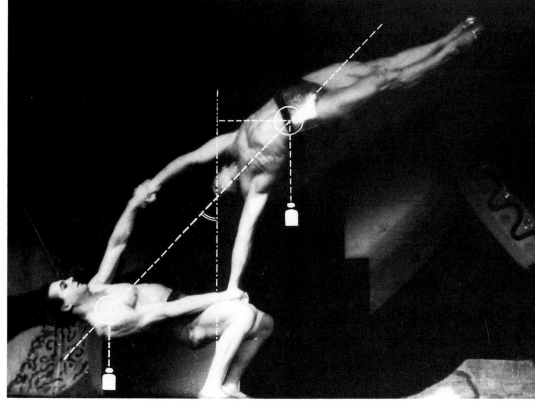

Die lebende Waage.
Kraftakt der Gladiatoren »Rio Bros«.
Scala. Berlin 1937

Äquilibristische Akte = Gleichgewichtsakrobatik auf der Grundlage der Berechnung von Kraft und Last.

Mathematik im Varieté
Rechenfehler bedeuten Lebensgefahr

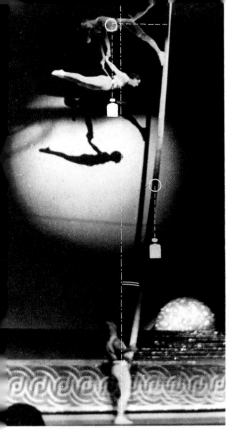

Dreifacher Salto mortale der Schleuderbrettakrobaten »Talo Boys«.
Scala. Berlin 1939

Schwung und Eleganz sind bei Schleuderbrettakrobaten Hauptsache. Die Ikarier müssen beim dreifachen Salto mortale den Körper genau auf die durchschwebende Parabelbahn einstellen. Die eingezeichneten Schleifen veranschaulichen die Drehungen beim Flug.

Hochseilakt in 30 m Höhe
3 Niewears.
Plaza. Berlin 1938

Mit Hilfe der langen, an beiden Enden beschwerten Stange halten die beiten Artisten das Gleichgewicht.
Je länger und schwerer die Stange ist, umso größer ist die Sicherheit.

Das schwebende Gleichgewicht.
»Palms Perche Akt«.
Wintergarten. Berlin 1938.

Akrobaten an einer elastischen Stange. Der Anstellwinkel der langen Stange muß immer der gleiche bleiben. Der Schwerpunkt der beiden Artisten liegt in Höhe ihrer Hände.
(oben)

Karl Valentin und Liesl Karlstadt

Ankunft am 28. 11. 1935 auf dem Anhalter Bahnhof in Berlin

Brotzeit immer zu dritt

Maske machen

Ihr Glanzstück:
»Das Vorstadtorchester«

»Vorhang« im KdK

Alte Berliner Freunde (1933-1939)

Werner Finck

Charlie Rivel in der Scala Berlin

Claire Waldoff, der Engel von Berlin

Walter Gross

Günter Neumann

Rudolf Platte

vom
Kabarett der Komiker

Zwischen Räume

Impressionen von der »Art« in Basel. 1988

Le Corbusier,
Wallfahrtskapelle Notre-Dame-du-Haut (1952–1955).
Ronchamp 1957

Innenansicht des Münsterturms in Freiburg
von seiner Spitze nach unten gesehen.
Durch die Weitwinkelaufnahme vom
Scheitelpunkt des Turmhelmes erscheint
die Perspektive in umgekehrter Richtung. 1963

Sakralbauten

Spindeltreppe im Rathaus.
Bad Mergentheim 1972

Wendeltreppe im Allianzhaus.
München 1962

Schneckenhäuser

Eros auf dem Shaftesbury
Memorial am Piccadilly Circus.
London 1953 (rechts)

Heissa 1.
Figur des norwegischen
Nationalbildhauers Vigeland
im Frogner Park. Oslo 1968
(unten)

Wasserspeier am Münster.
Freiburg 1952 (unten rechts)

Kleiner Intersex-Gipfel

»Maneken Pis«. Brüssel 1955 (links)

»Die Nacht« von Michelangelo
am Grabmal der Medici. Florenz 1959 (unten links)

Die »Kleine Seejungfrau«
von Edvard Erichsen, nach dem
Märchen von Hans Christian Andersen.
Kopenhagen 1960 (unten)

Illusion und Wirklichkeit

Engel über dem Münster. Freiburg 1978

»Handgreiflich«. Barcelona 1957 (links)

Beinfühlung bei der Moralischen Aufrüstung in Caux. 1956

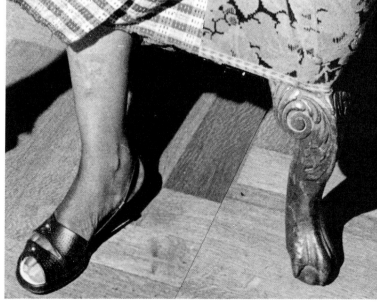

Krimi in Florenz:
Im letzten Augenblick konnte
die Sabinerin noch die Uhr
am Palazzo Vecchio verdecken!

Sex-Tod Shops in Duisburg. 1975 (oben links)

Blick ins Jenseits. Torquay 1964 (ganz links)

Versuchung. Barcelona 1957 (links)

Laßt Schilder sprechen

1) Berufsverbot. Basel 1960; 2) Baden verboten. Mittenwald 1965; 3) Umleitung. Freiburg 1972; 4) Leuchtreklame. Basel 1952; 5) Welt 11 km. Tönning 1970; 6) Nur für Anstößer. Appenzell 1982; 7) Schnuller für die B2. Donauwörth 1956; 8) Nach München: Starkes Gefälle. Dachau 1961; 9) »Nit mööglich«. Basel 1980; 10) Bedarf-Straße. Goslar 1963; 11) Wegen der Heiligkeit des Ortes. Ebeersmünster 1964; 12) Schweine rechts! Waldshut 1978; 13) frei ab 16. Dobel 1967; 14) Mißverstsändlich. Brixham 1964

1) Porzellan: A. Trampel, Selb; 2) Streichhölzer: F.O. Rauch, Berlin; 3) Kalte Küche: Helene Schlapkohl, Laboe; 4) Briefmarken: Georg Post, Berlin; 5) Notar: Dr. Gewaltig, Kalkar; 6) Zahnarzt: Willy Beißer, Amorbach; 7) Rechtsanwalt: Ottmar Herrgott, Freiburg; 8) Brotbäckerei: W. Bradhering, Prerow; 9) Kinderarzt: Dr. G. Neugeboren, Hermannstadt; 10) Hebamme: Marta Mühsal, Bayreuth; 11) Sarglager: W. Schläfli, Burgdorf; 12) Sonnenschein-Batterien: Erich Mond, Berlin; 13) Heilpraktiker: Max Unglaub, Hof; 14) Fuhrgeschäft: Oswald Rakete, Berlin; 15) Gasthaus Stern: Fritz Pichler, St. Gilgen; 16) Schlossermeister: J. Ohnmacht, Kippenheim; 17) Pfandleihe: Hermann Pumpe, Berlin

Nomen est omen

Aus dem Familienalbum

Nichts ärgerte mich mehr, als wenn Mami
mir die Wäsche vors Fenster hängte. Berlin 1930

Archivbild Nr. 1: »New Berlin Band« nannten wir unsere Jazz Band,
mit der wir in der Schule Furore machten. Berlin, Aufbauschule 1926

Sommerferien in Swinemünde.
Vor der Burg: ich, Papi, Pu und Mami. 1929

Von Anfang an
wurde jede Aufnahme registriert.
Die Archivarbeit nahm viel
Zeit in Anspruch.
Berlin 1930

... weil der Sound so gut war:
Saxophonkonzert für den kleinen Bruder
in der Badewanne. 1929

Erlaubt! Selbstportrait
aus sibirischer Kriegsgefangenschaft.
Ufalei 1943

Freude über das
wiedergewonnene Leben.
Fastnacht im Glotterbad. 1954

SSK aus Sand gebaut.
Nach zehn Minuten von der Flut erwischt.
Norderney 1929

Neue Perspektive,
der kleine Bruder als Statist. 1930

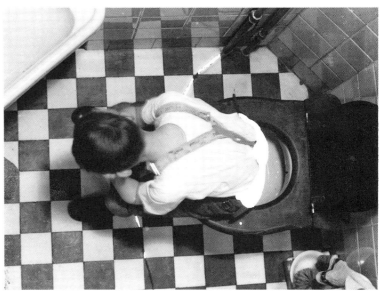

Blick aus meinem Bürofenster an einem Winterabend
auf die gegenüberliegenden »Lauben«
in der Seesener Straße in Halensee.
Berlin 1938

Blick vom Balkon meiner Wohnung
in der Runzstraße an einem sonnigen Oktobertag.
Freiburg 1984

Blicke aus meinen Fenstern

Werkverzeichnis

Das Werk Willy Praghers ist in unzähligen Büchern, Bildbänden und Katalogen dokumentiert. Die Schwerpunkte seiner Arbeit liegen bei Themen zum Verkehr, zu Berlin, Südbaden, Großbritannien, Frankreich, Rumänien und dem Balkan. Zahlreiche Landschaftsmonographien leben von seinen fotografischen Eindrücken. Kleinkunst, Varieté und Kabarett – namentlich Karl Valentin –, aber auch dem Jazz galt seine besondere Vorliebe. Einige bedeutende kulturelle Ereignisse begleitete er über viele Jahre hinweg mit seiner Kamera: Nobelpreisträger-Tagungen in Lindau von 1951 bis 1991; Donaueschinger Musiktage von 1951 bis 1978; Kulturkreis-Tagungen des Bundesverbandes der Deutschen Industrie von 1951 bis 1991.

Im folgenden eine Auswahl aus den wichtigsten Werken:

- 1942 Bukarest, Stadt der Gegensätze, Willy Pragher, Wiking
- 1952 Italienische Miniaturen, Corona Berg, Athenäum
- 1953 Die Alpenkette vom Säntis bis zum Montblanc, Heinrich Weiß, Rombach/Badenia
- 1955 Über den Dächern von Freiburg, J. Siegmund Schulze, Rombach
- 1956 Die Donau von der Quelle bis zur Mündung, Franz Bahl, Pannonia
- 1957 Karl Valentin, Panopticum, Michael Schulte, Piper
- 1958 Provinz Sachsen und Anhalt, W. Kampen, Weidlich
- 1959 Vorderösterreich. Länderkunde, Fr. Metz, Rombach
- 1959 Südschwarzwald, Hoffmann & Campe
- 1959 Der Große Herder. Lexikon und Atlas, Herder
- 1960 Mecklenburg und Vorpommern, G. Lüpke, Weidlich
- ab 1961 Bildbände über das Deutschtum auf dem Balkan: Budaörs, Die Donauschwaben, Bukowina, Rußlanddeutsche, Banater Schwaben, Syrmien, Menschen am Völkerstrom, Pannonia
- 1962 Berlin, Weltstadt gestern und heute, Müller-Alfeld, Deutsche Buchgemeinschaft
- ab 1962 Lahrer Hinkender Bote, Redaktion H. Wiedemann, Schauenburg
- ab 1964 Illustrierte Bäderkataloge: Allgäu, Bayern, Bodensee, Harz, Schwarzwald, Riviera, Oberitalien, Benelux, Nordwestdeutscher Adreßbuchverlag
- 1966 Brockhaus Bildbeiträge, Bibliographisches Institut
- 1966 Akkord einer Landschaft Schwarzwald – Bodensee, Lais und Schneider
- 1968 Karl Valentin, Michael Schulte, Rowohlt
- 1968 Karl Valentin und Liesl Karlstadt, Michael Schulte, Bertelsmann
- 1969 Karl Valentin. Sturzflüge, Michael Schulte, Piper
- 1969 Karl Valentin. Großes Lachkabinett, Michael Schulte, Bertelsmann
- 1973 Zeichen der Gastlichkeit, Bruckmann
- 1974 Von der Wanderherberge zum Grandhotel, Rosgarten
- 1974 Freiburg, B. Sieber, Weidlich
- 1974 Portugal, L. Bakalowits, Schroll/Wien
- ab 1974 Ortschroniken in Südbaden: Münstertal, Malteserstadt Heitersheim, St. Peter, Staufen, Sulzburg, Ingeborg Hecht-Studniczka; diverse
- 1975 Nobelpreisträger in Lindau, Dees de Stereo, Stadler
- ab 1975 Lörrach, B. Hänel, Weidlich
- 1976 Rösselsprung über den Hochrhein, Max Rieple, Stähle & Friedl
- 1976 L'allmand facile (franz. Lehrbücher für Deutschunterricht), Hachette/Paris
- 1977 Das Land am Oberrhein, K. Kinscher, Rombach
- 1977 Weinland Baden-Württemberg, Südwestdeutsche Verlagsanstalt
- 1979 Reiseführer durch das Elsaß, Ebert, DuMont
- 1979 Elsaß, Rudolf Ritter, Schroll/Wien
- 1979 Die Badische Weinstraße, Franz Hilger, Rombach
- 1979 Die Höllentalbahn, Rösler & Zimmer
- 1980 Die Elsässische Weinstraße, Lucien Sittler, Rombach
- 1980 Rumänien. Touropa Reiseführer, H. u. P. Göckeritz, R. Pfützner
- 1981 Schwarzwälder Trachten, Werner/Künzig, Badenia
- ab 1981 »Ja, aber ...«. Lehrbücher für Deutschunterricht, Armand Colin/Paris
- 1982 Verkehrsknoten Berlin in den 30er Jahren, Willy Pragher, Eisenbahnkurier
- 1982 Mitten in Berlin, Michael Hagen, Ästhetik und Kommunikation
- 1982 Freiburg in Trümmern, Walter Vetter, Rombach
- 1983 Korsika, Lotte Komma, Schillinger
- 1983 Der Anhalter Bahnhof, Helmut Maier, Ästhetik und Kommunikation
- 1984 Mein Tagebuch. Geschichten vom Überleben, H. Breloer, Schulfernsehen
- 1985 Die Berliner S-Bahn, Ästhetik und Kommunikation
- 1987 Die Reise nach Berlin. Ausstellungskatalog zur 750-Jahr-Feier
- 1988 Nobel führte sie zusammen, Dees de Stereo, Belser
- 1989 Côte d'Azur, Verena von Jerin, airtours international
- 1991 Historische Fahrzeuge in Berlin, Museum für Verkehr und Technik

Ausstellungen

1931	Berlin: Bauausstellung mit Großfotomontagen (B)
1932	Melbourne: »Art et métiers graphiques« (B)
1935	Berlin, Galerie Baum: »Absolute Photos«
1938/39	Berlin: Das Ensemble. Permanentausstellung im Kabarett der Komiker
1951	Freiburg: Meisterphotographien im Centre de Documentation (B); anschließend in Konstanz und Offenburg
1952	Köln: photokina (B)
1965	Freiburg: Sonderpreis im Fotowettbewerb des Deutschen Städtetags
1969/70	Freiburg: Große Partnerschaftsausstellung anläßlich der 850-Jahr-Feier der Stadt: »Ein Fotograf sieht Freiburg«; anschließend Wanderausstellung durch Freiburgs Partnerstädte und die Zähringerstädte Padua, Innsbruck, Besançon, Belfort, Burgdorf (Schweiz); Bonn (Haus Baden-Württemberg)
1978	Freiburg, Volksbank: »50 Jahre Pressefoto Willy Pragher«
1980	Freiburg, Fotogalerie: »Strukturen des Kaiserstuhls«
1982	Berlin: Die Berliner S-Bahn. Im Bethanien-Künstlerhaus, Kreuzberg
1987	Berlin: Die Reise nach Berlin. Sonderausstellung zur 750-Jahr-Feier Im Hamburger Bahnhof: »Ick hab' mein'n Koffer wieder mitjebracht«
1988	Freiburg: Zum 80. Geburtstag von Willy Pragher im Augustinermuseum: »Zeit-Aufnahmen 1926–1988«
1992	Berlin: Fotoausstellung Willy Pragher zum 25jährigen Bestehen des Museums für Verkehr und Technik

(B = mit Beteiligung)

Fernseh- und Hörfunksendungen

SWF 1990	»Ebbes« Freiburger Fotografen
HR/SFB 5.5.91	Freiburg–Berlin und zurück. Ein Portrait des Freiburger Fotografen Willy Pragher (45 Min.) Regie: R. Ruttmann, K. Gerhardt
SFB 25.11.91	»Alles was sich bewegt« (45 Min.) Hörfunksendung über den Fotografen Willy Pragher von A. Cußmann, C. Lessen

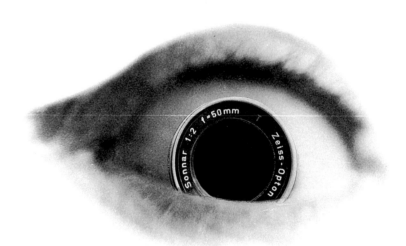